In
Real
Life

In Real Life

An English-Spanish
novel in poems

Leticia Sala

Andrews McMeel
PUBLISHING®

Este libro es para Pau,
que nunca dudó de que existiría.

This book is for Pau, who never
once doubted that it would exist.

Tan Lejos de Mí en Internet, Me Enamoré

Tu *"like"* es como un túnel entre tú y yo.
¿Somos las dos laderas de una montaña?
Me gustan:
tus fotos de ramos de flores en la carretera.
tus dibujos de coches en llamas en:
http://theheartattackofmichaeljackson.com/

Te busco en Google.
Leo todos tus tweets. Hago captura de los más divertidos.

¿Dónde estás?
¿Quién eres?

Tan lejos de mí en Internet—

¿a primera vista? ¿a última vista?

—Me enamoré.

So Far from Me on the Internet, I Fell in Love

Your "like" carves a tunnel from you to me, me to you.
Are we the opposite slopes of a mountain?
I like:
your pictures of bouquets on the highway
your drawings of cars on fire at:
http://theheartattackofmichaeljackson.com/

I google you.
I read all your tweets. I screenshot the funny ones.

Where are you?
Who are you?

So far from me on the Internet—

at first sight? at last sight?

—I fell in love.

Luces Azules

Nos escribimos durante semanas.
Dibujas la cara que te imaginas que tengo.

Un nuevo dibujo.   Adivinas una peca nueva.
                Chateamos hasta el amanecer.
Por la mañana
        hay restos de comida
                entre los huecos del teclado.

Si alguien nos viese desde lejos,
                vería nuestras caras y dedos iluminados por una luz azul,
somos
dos faros a medianoche
        raspando las curvas de una colina sinuosa,
el único movimiento:
                esa luz azul.

Blue Lights

We chat for weeks.
You draw the face you think I have.

A ping.   A new sketch.   You've guessed a new freckle for me.
             We chat till dawn.
In the morning
      there are food crumbs
          in the grooves of the keyboard.

If someone saw us from afar,
            our faces and fingers lit up by blue light,
we'd be
two headlights in the night
    scraping the curves of a crooked hill,
the only movement:
            that blue light.

Sobre Escribir un Libro

Yo no sabía
que vivir de mis palabras
es vivir con miedo constante
a perderme a mí misma.

(el miedo más estúpido
que me podría haber inventado:
¿cómo podría
perderme a mí misma?)

On Writing a Book

I didn't know
that living off my words
is living in constant fear
of losing myself.

(the dumbest fear
I ever invented:
how could I possibly
lose myself?)

Amigo o Enemigo

Todavía no sé si mi cuerpo
es mi amigo o mi enemigo;
tal vez por eso
siempre utilizo mi cabeza
como el mayor aliado.

Por miedo a exponer mi cuerpo
a la mirada de un público anónimo,
nunca accedí a desnudarme.

Y sin embargo,
mis palabras—
son el mayor
desnudo del alma.

Friend or Foe

I still don't know whether my body
is friend or foe;
maybe that's why
I've always used my head
as the greatest ally.

Out of fear of exposing my body
to the eyes of an anonymous public,
I would never get naked.

And yet,
my words—
they are one lavish
nude of the soul.

Escribiendo

Nunca pensé que la palabra "escribiendo"
podría ser tan luminosa.

Y es que mientras espero, mientras me aguanto,
    me imagino
las millones de palabras
que podrías estar escribiendo,

y yo, tan poco preparada
para aceptar
la única palabra
con la que terminas
respondiendo.

Typing

I never thought the word "typing"
could wax so luminous.

While waiting, while holding on,
    I imagine
the millions of words
you might write for me,

unready as I am
to accept
the single word
with which you finally
reply.

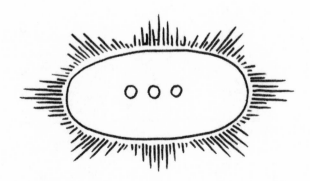

Reese's

Ya me has regalado algo, y todavía no nos hemos visto:

tres cajas de Reese's por San Valentín.

Mi chocolatinas preferidas.
¿Cómo   lo   has   sabido?

Reese's

You've given me something, and we still haven't met:

three boxes of Reese's for Valentine's Day.

My favorite chocolates.
How could you have known?

11

¿cuántas de las *stories* que publicamos
van dirigidas
a una sola persona?

how many stories do we post
that are actually meant to be seen
by only one single person?

Pienso en ti
inexplicablemente a menudo

I think about you
inexplicably often

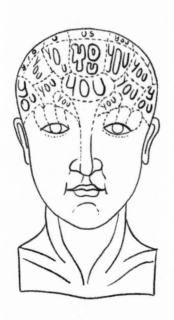

El Día Que Conocí Tus Manos

Palpo todo tu cuerpo
dónde sea, cómo sea.
Huelo, siento, veo las manos
con las que me has estado escribiendo.

Ahora las usas
para aplacar mi sed
de millones de otras formas.

The Day I Met Your Hands

I probe your body
wherever, however.
I hear, feel, see the hands
you've used to write to me.

Now you use those hands
to slake my thirst
a million other ways.

(Ya Son) Tuyos

la templanza con la que te diriges
a lugares donde no te esperan,
la forma en la que pisas,
dejando el aire hacer lo suyo
—me embelesa.

Solo estás aquí por unos días,
y estos lugares ya son tuyos.

Yours (Already)

the calmness with which you approach
places where you are not expected,
the way you tread,
how you let the air do its thing
—enthralls me.

You are only here for a few days,
and these places are yours already.

Barcelona Es una Mujer

No sé cómo podría ser de otra forma:
sería algo parecido a una doncella del siglo diecinueve
callada y elegante, con movimientos sinuosos
y postura erguida aún cuando descansa.

Proviene de una familia cultivada
pero ella siempre ha brillado con luz propia.
Mira de soslayo, impertérrita, sabia, misteriosa.
Si fuese un animal,
sería una gata pulcra,
rápida como un lince,
inalcanzable.

Barcelona Is a Woman

I don't know how she could be otherwise:
she is a nineteenth-century damsel
hushed and elegant, moving sinuously
with perfect posture even when at ease.

She comes from a cultured family
but has always shone with her own light.
She looks sideways, unflappable, wise, mysterious.
If she were an animal,
she would be a sleek cat,
fast as a lynx,
out of reach.

Olor

Veracruz; Ciudad de México; Greenwich, Connecticut:
me hablarás de estos lugares
que no conozco
una y otra vez.
Me describirás las casas en las que viviste,
y cuando yo te lleve a la que yo viví,
me ayudarás a identificar,
el olor de todo aquello
que nunca supe descifrar sola.

Smell

Veracruz; Mexico City; Greenwich, Connecticut:
you will tell me about those places
I've never been
over and over.
You'll describe the homes you lived in,
and when I take you to where I lived,
you'll help me single out
the smell of all those things
I could never break down myself.

Deseo Offline

Todo lo que nos acerca o nos separa del otro
sucede en un instante.
Esos lugares tan de nadie:
los ojos cuando se creen que están solos,
las palabras justo después de una conversación,
las manos viajando con el aire.
Los gestos cotidianos.

El motivo del deseo es exactamente ese intervalo.
Aquello tan minúsculo de las personas que embelesa a su espectador,
que le acerca o le separa del otro de una forma tan, primitiva,
que no responde a nada racional,

no nos pertenece.

Offline Desire

What draws us near or cleaves us apart
happens in an instant.
Those places, so much no one's:
eyes when thinking they are alone,
words just after a conversation,
hands traveling with the air.
The day-to-day gestures.

What moves desire is exactly this interlude.
The very brief stuff of us that ravishes the onlooker,
that draws us close or separates us from the other, primitively,
that does not respond to anything rational,

does not belong to us.

déjame llevarte a la casa que me vio crecer
(y dormir en una litera enana juntos)

let me take you to the house where I grew up
(and we shall lie together in a tiny bunk bed)

Nudes

Los dos desnudos en la cama
mirándonos.
Me olvidaré de quién dijo al otro:

—Por favor, no dejes que me acostumbre a esto.

Nudes

The two of us naked in bed
gazing at each other.
I will forget who said to the other:

—Please, don't let me get used to this.

Así Nadie Sufrirá

Rastreo tu vuelo en *AmericanAirlines.com.*
Te quedan tres horas para aterrizar en Nueva York;
estás sobrevolando el Atlántico.
Releo nuestros últimos mensajes—
cómo podemos ser tan cursis.

Me acabo de comer la chocolatina de nuestro calendario de
    Adviento,
el primero que comparto con alguien.
He caído en la cuenta de que sin decir nada me las estás
    cediendo todas,
pero necesito que llegues bien para poder confirmar mi sospecha.

Quiero echarte la chapa
sobre las mil cosas
que me han rondado por la cabeza.

Quiero hablarte de ese chico que ha llegado al restaurante hoy
con el ramo de flores y le ha dado un beso a la chica que le
    estaba esperando
y yo he pensado que quiero besos tuyos todo el rato, todo el día
yo quiero morir a tu lado,
y que nos pongamos de acuerdo para morir a la vez.
Así nadie sufrirá.

No One Will Be Left to Grieve

I trace your flight on *AmericanAirlines.com*.
You've got three hours till you land in New York;
you're floating above the Atlantic.
I reread your latest messages—
how can we be so corny?

I just ate the last chocolate from our Advent calendar,
the first I've shared with someone.
I realize that without saying a word you let me eat them all,
but I need you to get home safe to confirm my suspicion.

I want to drone on
about a thousand things
that are rolling around my brain.

I want to talk to you about that boy who walked into the
    restaurant today
with a bouquet and kissed the girl waiting for him
and I thought how I want your kisses all the time, all day long
and I want to die beside you,
and I want us to make a pact that we'll die at the same time.
That way no one will be left to grieve.

Vibrando

¿cuál es la diferencia
entre la vibración del móvil
cuando tú me escribes
y la de mi cuerpo
cuando leo
tu nombre en la pantalla?

Buzzing

what is the difference
between the vibration of my phone
when you write me
and that of my body
when I read
your name on the screen?

En Otro Lugar

Días de FaceTime
llamadas de larga distancia
reviso tu zona horaria
tick azul, visto, escribiendo—estás vivo.

mala conexión
tu cara cansada se congela:
¿es una metáfora?

Me he fijado en pequeños cambios:
—mis emojis usados frecuentemente
—no hay calcetines usados por el suelo
—el olor de la habitación por la mañana
—un silencio inusual en casa
—hablarle a Greta sin parar

Decirte que te echo de menos
se vuelve redundante

así que le doy vueltas a nuevas formas de decirte
que todo es más aburrido
cuando no estás por aquí.

Tus ojos dormidos
y tus sueños locos
están en otro lugar ahora mismo.

In Real Life

Somewhere Else

FaceTime days
long-distance calls
I check your time zone
blue check, seen, typing—you're alive.

poor connection
your tired face gets frozen:
is this a metaphor?

I've noticed tiny changes:
—my frequently used emojis
—no used socks on the floor
—the smell of the room in the morning
—an unusual silence at home
—talking to Greta unceasingly

Telling you I miss you
gets redundant

so I'm looking for other ways to tell you
that life lacks shine
when you're not around.

Your sleepy eyes
and your wild dreams
are somewhere else right now.

cuando me voy a quedar sin batería,
solo te aviso a ti.

when I'm running out of battery,
you're the only one I tell.

Estás Viniendo (para Quedarte)

Todos tus años en Nueva York
reducidos a dos maletas;
estás sobrevolando el Atlántico.
Mi ciudad será tuya,
el lugar que llamarás casa.

(y cualquier decisión implica un millón de renuncias)

You're Coming Over (for Good)

All your years in New York
reduced to two suitcases;
you're soaring over the Atlantic.
My city will be yours,
a place to call home.

(and every decision shall contain a million surrenders)

Seis Mil Pasos

el número de pasos
que separa tu casa
de la mía
es casi el número
de kilómetros
que ya no nos separan.

Six Thousand Steps

the number of steps
separating your apartment
from mine
almost the number
of kilometers
that no longer separate us.

Los Muertos

Sé que no te has muerto
porque veo tus *stories*
de vinilos sonando en la habitación de al lado.

        A ti no te oigo
y tampoco tu cuerpo emite ningún ruido;

supongo que en un rato
entrarás por aquí
      y me preguntarás qué tal el libro.

Y yo mentiré,
    y así será
(este miedo tan irrefrenable a que tú mueras me lo tengo que curar).

The Dead

I know that you're not dead
because I see your stories
of records playing in the next room.

                     I can't hear you
nor does your body emit a single noise;

I suppose in a while
you'll come in here
        and ask me how the book's going.

And I'll lie,
      and that's how it will be
(this irrepressible fear of your dying I've just got to cure).

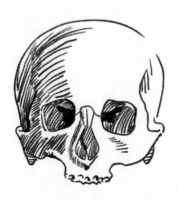

Besos por Inercia

Me suelo fijar en los besos
        de las parejas de larga duración,
           los besos de semáforo en rojo
                besos en la cola de una tienda.

Los de aquellos que saben
—o se piensan—
que ese beso
        forma parte de un todo más grande,
           de una línea continua
              cuyo final
                todavía es indefinido.

In Real Life

Kissing with Inertia

I usually pay attention to the kisses
        of people in long-term relationships,
                kisses when the traffic light turns red
                        kisses in line at a store.

The kisses of those who know
—or think they know—
that these kisses
        are part of a larger whole,
                on a continuum
                        whose end
                                is still undefined.

Cosas que Me Gustan de Ti:

—siempre me repites que te mate si algún día te quedas ciego.

—lo primero que haces por la mañana es leer las noticias y eso casi nadie lo hace ya.

—usas emojis nuevos y no acudes a los usados recientemente.

—cuando te molesto por culpa de la cafeína, solo te ríes cuando crees que no te miro.

—nunca dejarás de tirarte al agua aunque esté congelada y nadie más lo esté haciendo.

—me dejas pegarte la chapa cada día con las mil cosas que me han pasado hoy.

—siempre que me creo que ya conozco tu universo de gustos visuales, me vienes con algo nuevo súper extraño.

Things I Like about You:

—you tell me over and over that I should kill you if you go blind.

—the first thing you do in the morning is read the news and almost nobody does that anymore.

—you use fresh emojis and don't resort to ones recently used.

—when I bug you because of the caffeine I've ingested, you only laugh when you think I'm not looking.

—you'll never stop diving into water even when it's freezing and nobody else is going in.

—you let me drone on every day about the thousand and one things that happened to me that day.

—whenever I find I'm sure I know your universe of visual tastes, you come up with something new and wondrously strange.

Como la Gente Normal

¿cómo hubiera sido
si nos hubiéramos conocido
en una fiesta
o en clase,
como la gente normal?

¿me hubiera fijado en lo mismo?

¿hubiéramos quemado el deseo
demasiado rápido como para cruzar un océano
o demasiado lento como para dejar que nos separe?

Like Normal People

what would it have been like
had we met
at a party
or in class,
like normal people?

would I have noticed the same things?

would our desire have flamed out
too fast to cross an ocean
too slow to let us part?

Reflejo

Las parejas son los espejos más perfectos.
Siempre que llego a un lugar nuevo, lo primero que hago es mirar
por la ventana,
mi hombro se apoya en cualquier cristal. Parece que los ventanales
actúen como imanes poderosos en mi cuerpo maleable.
Llevo toda mi vida funcionando mejor en el mundo de las ideas
que en el terrestre.

Pero tú eres mis ojos; me clavas en el presente con tu gusto por
el placer, por el dinero, por las bromas inteligentes y volátiles.
Tal vez lo que hay en la tierra no sea tan malo. Tal vez lo leve,
lo efímero, lo fácilmente olvidable,
no sea tan despreciable a fin de cuentas.

Reflection

Couples are the most perfect mirrors.
Whenever I get to a new place, the first thing I do is look
out the window,
my shoulder against the pane. It seems windows act as powerful
magnets to my pliable body.
All my life I've functioned better in the world of ideas
than on earth.

But you are my eyes; you nail me to the present with your taste
for pleasure, for money, for clever, volatile jokes.
Maybe what is on earth isn't that bad. Perhaps the light things,
the ephemeral, the easily forgettable,
are not so despicable after all.

Mezclando Nuestro Pasado con Palabras

—¿Tú crees que el dolor se hereda?

—¿Qué quieres decir?

—No sé, nunca he perdido a nadie cercano pero siempre siento una pérdida, es algo muy raro. Mi madre perdió a muchas personas y a veces pienso que quizás lo he heredado de ella, como las pecas.

—Puede ser. Mi padre tuvo un mal viaje con LSD antes de que naciese, y no soporta las hojas de los árboles porque veía gusanos. Yo no lo sabía hasta que un día, en una excursión, le dije que odiaba las hojas. Y entonces me lo explicó.

Melting Our Past with Words

—Do you think pain is hereditary?

—What do you mean?

—I don't know. I've never lost anyone close to me, but I always feel a loss. My mother lost many people, and sometimes I think maybe I inherited it from her, like her freckles.

—Could be. My father had a bad trip on LSD once before I was born, and I can't stand leaves on trees because he once saw worms on them. I didn't know this until one day, hiking, I told him I hated leaves. And then he told me about it.

Auxiliares de Vuelo

la paz que tú me das
es la misma que se siente
en un avión
con turbulencias:
miras a los auxiliares de vuelo
y los ves tranquilos
haciendo lo suyo.

Flight Attendants

the peace you give me
is the same felt
on a plane
in turbulence:
you look at the flight attendants
and see
they are cool
doing their thing.

De Verdad

Mi forma de saber
si quiero a alguien de verdad
es pensar si he imaginado
las palabras que diría
en su funeral.

Truly

My way of knowing
whether I love someone truly
is to think whether I've imagined
the words I'd say
at their funeral.

Me Has Enseñado Tantas Cosas:

helado de pistacho
jugar a cómo saldrías de la sala si hubiera un atentado terrorista
The Office
odio eterno a los tendederos
la fidelidad en los gestos minúsculos
Crocs con calcetines
dormir con perros
ser generoso con la comida
poner el despertador en minutos extraños
el uso inteligente de los *emojis*
contar juntos hasta tres y decir "perdón" a la vez
cantar la canción de "perros esperando" cada vez que vemos uno
    fuera de una tienda
intuir que seguiré haciendo todas estas cosas aunque algún día
    ya no estés aquí.

You Have Introduced Me to So Many Things:

pistachio ice cream
playing at how you'd leave the room in a terrorist attack
The Office
everlasting hatred of clotheslines
the loyalty in minuscule gestures
Crocs with socks
sleeping with dogs
being generous with food
setting the alarm to weird minutes
the intelligent use of emojis
counting together up to three to say "sorry" at the same time
singing our ditty "dogs waiting" when we see one outside a store
sensing that I will still be doing all these things even if one day
    you are not here anymore.

me dices que quieres ver a dios
y yo te pregunto
no ves las hojas moviéndose

In Real Life

you say you want to see god
I ask
don't you see the leaves moving

Tu Ventana de Whatsapp

No cerrar nunca tu ventana de *whatsapp*
es no parar de quererte:

qué fácil es ignorar las notificaciones
                    de almacenamiento lleno.

            Si busco la foto de lo que desayunamos
                    ese domingo de hace dos años
                        allí estará
                        y si hiciera un search con "te quiero"
            saldrían como millones de mensajes.

In Real Life

Your Whatsapp Window

My never closing your *whatsapp* window
means I won't stop loving you:

how easy it is to ignore the warnings
               of full storage.

                  If I search for us having breakfast
                       that Sunday two years ago
                       it's there
                          and if I look for "i love you"
           millions of messages would surge.

Mi Nombre

Mi manera de saber
si alguien me quiere de verdad
es por la forma en la que pronuncia mi nombre.

Hay algo en la manera en la que lo pronuncias tú
que limpia las cosas de todo lo pasado.

Ya no es papá enfadándose
y yo rompiéndome por dentro;
ya no soy yo creciendo
con la autoestima fluctuante.

Mi nombre—en tu boca—suena ahora
a algo cálido y constante,
a mujer y no a niña,
como una verdad construida
que mira fijamente a los ojos,

sin miedo.

My Name

My way of seeing
whether someone really loves me
is by the way they pronounce my name.

There is something in the way you pronounce it
that cleanses my name of things past.

It's no longer dad being angry
and something breaking inside;
it's no longer growing up
with rocky self-esteem.

My name—in your mouth—now sounds
warm and constant,
a woman rather than a girl,
a built truth
looking straight into people's eyes,

fearless.

Hipocondría

Sé que te quiero de verdad
cuando me veo a mí misma
googleando todos tus síntomas
como llevo haciendo con los míos
desde siempre.

Hypochondria

I know that I love you madly truly
when I see myself
googling all your symptoms
as I've been doing for myself
always and forever.

Cosas Útiles

—construyes Legos de novios y me los dejas en la mesa
—me pones piedras en el bolsillo siempre que vamos de paseo
—me regalas mil objetos raros y pequeños a la vuelta de tus viajes
—me abrazas dormido cuando nadie te obliga a hacerlo
—se te han pegado mis expresiones
—te imaginas cómo seremos juntos de ancianos
—soy tu contacto de emergencia

. . . que me hacen saber que me quieres.

In Real Life

Useful Stuff

—you make boyfriend-and-girlfriend Legos and leave them on
my desk
—you put pebbles in my pocket when we go for a walk
—you bring me tiny bizarre objects when you come back from
trips
—unobliged, you embrace me while sleeping
—you've picked up my expressions
—you wonder about us being old people together
—I'm your emergency contact

         . . . making me know you love me.

Giro en el Guión

Cada vez que un nuevo libro
que me has comprado por Amazon
llega a casa
junto con la caja mensual de juguetes
para Greta
a la que la has suscrito,

o siempre que me doy cuenta
de que ya no escribo
desde la oscuridad
y que aún así sigo escribiendo,

o cuando nos inventamos
nuevas historias
para nuestro amigo imaginario
el Gato-Bolsa
durante las largas noches
mirando al techo
por culpa del jet lag,

o siempre que discutimos
y no has desaparecido después,

veo el giro en el guión
de las creencias tan adentro
desde que soy adolescente
las que me aseguran que hay algo en mí
tan dañado, tan impropio, tan defectuoso
que nadie se va a quedar lo suficiente
para demostrarme lo contrario.

In Real Life

Plot Twist

Each time a new book
that you bought me on Amazon
gets to the house
along with the monthly box of dog toys
for Greta
to which you subscribe,

or whenever I realize
I no longer write
from the dark
and even so I keep writing,

or when we make up
new stories
for our imaginary friend
Bag-Cat
on long deep nights
staring at the ceiling
because of the jet lag,

or whenever we argue
and you haven't run off afterward,

I see the twist in the plot
of those beliefs set hard in place
since I was a teenager
affirming there was something in me
so damaged, so unseemly, so amiss
that nobody would stay with me long enough
to show me there wasn't.

Leticia Sala

Un Coral

El coral que Greta sacó del agua
con su hocico en la playa de Key Biscayne
—¿será un recuerdo dentro de muchos años?
Este momento específico—Greta nadando sola en el agua fría
de la playa de Key Biscayne.

Algo me duele, y no sé qué es.

¿Sobrevivirá este coral a las mudanzas que me quedan por vivir?
¿Recordaré en qué bolsillo de mi Barbour guardaste el coral?
¿Le podré enseñar a mis hijos el coral que Greta sacó del agua
entre sus dientes en la playa de Key Biscayne?

Cuando fuerce mi memoria—¿recordaré la carretera que rodea
esta playa y el extraño silencio, los puntos de luz intermitentes
en el agua, la melodía del carrito de los helados?
¿Pensaré en lo poco que habrán importado mis monstruos de hoy
cuando mi vida se haya hecho?

¿Aceptaré que mi vida solo se hizo en estos momentos precisos—
Greta sacando del agua un coral—y no en ninguna idea de
ningún otro momento?
¿Habré conservado el pasado en objetos? Un coral.

Jamás sabré lo que es derrochar los instantes.

In Real Life

Coral

The patch of brittle coral that Greta pulled from the water
with her shaggy jaw off Key Biscayne
—will it be a memory after many years?
This specific moment—Greta swimming alone in the cold water
off Key Biscayne beach.

My heart aches for no reason.

Will this patch of coral survive all the times I will move houses?
Will I remember in what pocket of my Barbour you slipped
the coral?
Will I be able to show my kids the coral Greta pulled from the
water between her jaws off Key Biscayne?

When I strain my memory—will I remember the road that
skirted the beach and the uncanny silence, the intermittent
flecks of light on the water, the tune of the ice cream cart?
Will I think about how little the monsters that torment me
today will have mattered *when my life is done*?

Will I accept that my life was shaped only during those exact
moments—Greta pulling a patch of coral out of the water—
and not in any other idea from any other moment?
Will I have retained the past in objects?
A patch of coral.

I'll never know what it is to squander
moments.

Ok

Si me encuentro
dándole vueltas a tu "ok"
significa que estoy sutilmente saludando
a mis inseguridades de toda la vida.

Ok

If I find myself
overthinking your "ok"
it means I'm shyly waving at
my old friend insecurity.

No Quiero Soltarlo

Voy a hacer scrolling por todo mi instagram hasta llegar a la primera foto. Quiero seleccionar solo aquellas fotos en las que me pusiste *"like"* alguna vez. Las imprimiré todas en papel mate y te las enviaré a casa. Cuando haya calculado que ya las has recibido, me preguntaré si te han gustado igual que cuando las viste por primera vez y me pusiste todos esos *"likes"*.

I Don't Want to Let Go

I'm going to scroll down my entire Instagram feed until I hit the first picture. I want to select only those where you once clicked "like." I'll print them on matte paper and send them over to your place. When I figure you've got them, I'll wonder whether you like them the same as when you saw them the first time and clicked those "likes."

Cambio

La vida cambia siempre
en el momento cotidiano

has transformado mi día a día
ahora te alejas de él

ya no hay palabras tuyas
cuando empieza el nuevo día

cualquier novedad
es la falta de noticias tuyas

ahora
miradas evasivas
pequeñas mentiras.

In Real Life

A Change

Life always changes
in the quotidian moment

you have transformed my day-to-day
now you withdraw from it

no more words of yours
when the day begins

any news
is the lack of news about you

now
evasive glances
meager lies.

Todo lo Que Hay

allá donde pongo amor
pongo miedo

All That Is

wherever I sling my love
I spread fear

Fases

Al principio el sexo era torpe
luego vino algo mejor:
lo tórrido.
Al final se convirtió en remoto:
la alerta.

In Real Life

Stages

First-time sex bloomed awkward
then came the good stuff:
the warming.
And then it went remote:
the warning.

Retorcida

Tú
fingiendo ser
la persona que crees
que espero que seas.

Yo
fingiendo ser
la persona que creo
que quieres que sea.

—la forma más retorcida de estar en sintonía.

Twisted

You
pretending to be
the person you think
I'm expecting you to be.

Me
pretending to be
the person I think
you're expecting me to be.

—a twisted way to be on the same page.

Premonición

¿Cuánto de todo lo que escribo hoy
vaciaré de sentido
cuando conozca la ausencia?

Y ahora lloro después del sexo.

Premonition

How much of what I write today
will I drain of meaning
when I meet your absence?

And now I'm crying after sex.

Promesa

Algo bueno de los traumas:
agudizan la memoria.
El sufrimiento permite recordarlo todo:
el olor, la luz, cualquier movimiento.

Mi padre, el primer hombre,
y los que vinieron después:

imágenes superpuestas
de la misma ausencia.

No fueron ellos los que me dejaron,
sino la promesa de la normalidad—
la destrucción de una narrativa simple y sana.

Promise

Something good about trauma:
it intensifies memory.
Suffering lets us remember it all:
smell, light, the slightest shift.

My father, the first man,
and then the men who followed:

images superimposed
of the same absence.

Wasn't them who abandoned me,
but the promise of normalcy—
the destruction of a simple, sound narrative.

Peleas de pareja sobre la forma de conducir:
la forma más segura de evitar hablar del problema real.

Couples fighting over driving styles:
the surest way to avoid facing the real issue.

Todo Empieza y Acaba en una Luz Azul

Me acerco a tu luz azul,
            rompiendo la confianza,
y eso es como romperlo todo.
            lo sé.

Mientras dormías en mi cama,
encontré justo lo que estaba buscando:
                tus dudas, tus mentiras, mis miedos,
tú a punto de dejar Barcelona.

Me fue a doler justo en el origen del dolor
ahí donde duermen mis primeros abandonos.

¿Cómo me pude creer que un hombre cruzaría el Atlántico por mí?
Tengo seis años: papá me aparta de sus brazos.
Hace días que me estabas apartando de ti.

It All Starts and Ends in a Blue Light

I come close to your blue light,
          breaking our trust,
and it's like breaking everything
                 I know.

While you sleep in my bed,
I find exactly what I was looking for:
          your doubts, your lies, my fears,
you being on the verge of leaving Barcelona.

It hurts exactly at the origin of pain
where all abandonments first crushed me.

How could I think that a man would cross the Atlantic for me?
I'm six years old: Dad pushes me out of his arms.
You've been pushing me away for days.

Capturas

número de capturas de pantalla
como unidad de medida
de mis sufrimientos vigentes.

In Real Life

Shots

number of screenshots
as a unit of measure
of my prevailing anguish.

Demasiado Perfecto para Este Mundo

Tus dibujos no estaban tan mal
Nunca usabas este horrible emoji 😂
El sexo era decente
Tenías unas manos bonitas

Tú. Todo esto. Se fue.
Mentiste. Te escondiste.
Tiré tu cepillo de dientes a la basura.

You Were Too Good for This World

Your drawing was good enough
You never used this awful emoji 😂
The sex was decent
You had beautiful hands

You. This. Gone.
You lied. You hid.
I threw your toothbrush into the garbage.

todo lo que creí que escribías tú son letras de canciones que ya existen.

all the things I thought you wrote are song lyrics that already exist.

lo único
que le pido a mi tristeza
es que sea
suficientemente poderosa.

the only thing
I ask of my sadness
is for her to be
powerful enough.

Tal Vez:
el ecuador de la vida llega
cuando en un reencuentro
en medio del verano
      entre flores, gambas, y campanas
descubres de repente
que a todo el mundo que solías conocer
ya le ha llegado su propia maleta de dolor.

In Real Life

Perhaps:
life's equator is crossed
the moment a chance reencounter
in midsummer
　　　　among flowers, fried shrimp, and church bells
when all of a sudden you find
that everyone you used to know
is dragging their own baggage of pain behind them.

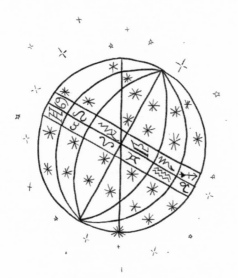

te volviste previsible
lloré
y luego me aburrí.

you became predictable
I cried
and then I got bored.

Cosas

Las cosas que no me atrevo a escribir
                    ganan la batalla.

Significa

que no le doy palabra justa
al monstruo que me mata.

Things

The things I dare not write
                    win the battle.

Meaning?

I couldn't render the right word
unto the monster who's killing me.

En el amor hay dos personas:
la que existe cuando está a tu lado
y la que inventas cuando no lo está.
(intento matar a la segunda)

In Real Life

In love there are two:
one who exists when by your side
and one you devise when not.
(I try to kill the latter)

Un Sueño Mío Imposible:

Un hotel con todos mis *e-friends*.

(para evitar pensar en ti)

Nos llamamos por teléfono de una habitación a otra mientras nos limamos las uñas. Bajamos en grupos pequeños al spa y nos quedamos dormidos en las tumbonas. Palpamos nuestros cuerpos respectivos (y nos decimos que en fotos parecíamos más altos). Llamamos al *room service:* encargamos la comida que los otros solían colgar en sus *stories,* y pedimos que lo lleven por sorpresa a sus habitaciones. Nadie pide la contraseña del wifi.

Andamos con zapatillas por el lobby del hotel, miramos al suelo con los brazos cruzados por la espalda mientras recordamos todo el amor, las rencillas, y las mentiras virtuales que nos dijimos cuando éramos *e-friends.* Nos reímos muy fuerte de otros tiempos subiendo en el ascensor con el albornoz que robaremos. Llamamos a todos los pisos y nos seguimos riendo. Comemos helado y patatas fritas estirados en el suelo de la habitación. Cada día avisamos a recepción de que nos quedamos una noche más. No somos *e-friends* nunca más.

An Impossible Dream of Mine:

A hotel full of all my e-friends.

(to avoid thinking about you)

We call each other up from one room to the next while we file our nails. We go down in small groups to the spa and fall asleep on the chaises. We poke and probe our bodies (and we say that in pictures, we look taller). We call room service: we order food that others often post in their stories, and we ask them to surprise-deliver it to their rooms. No one asks for the wifi password.

We shuffle around the lobby in slippers, looking at the floor with our arms crossed behind our backs while we stir up reminiscences of all our loves, our fights, and virtual lies that we told each other when we were e-friends. We laugh hard when we ride the elevators wearing the robes we will steal. We knock on doors on every floor and continue laughing. We eat ice cream and fries stretched out on the floor of the room. Every day we dial the front desk and tell them we are staying another night. E-friends no longer.

Solo Estaban de Paso

De todos
los que pasaron por mi cuerpo
ya no queda nada
ni recuerdo   ni células   ni deseo
les perdono sin que me hayan pedido perdón.

Yo solo pido perdón
a las mujeres que hay en mí,
y que no supe proteger.

Tal vez ahora mismo
alguna de esas mujeres
que todavía no conozco
está buscando mi perdón
por algo que me queda por vivir.

No tengo nada que perdonar:
nadie   me debe   nada.

They Just Stopped By

Of all
who stopped by my body
none remain
not a memory   not a cell   nor desire
I forgive them without them having asked.

I ask forgiveness only
of the women who exist within me,
the women I didn't know how to protect.

Maybe right now
one of them
I've yet to meet
wants to say sorry
for something
I still have left to live.

I have nothing to forgive:
nobody   owes   me.

No Puedo Más

sin el pasado
no sabría escribir
pero tengo que desprenderme de él
para estar bien
(o eso dicen los libros de mi madre)

las partículas que brillan en el aire
que con la luz parecen magia
son en realidad motas de polvo
y el polvo es piel muerta
(o eso me decías tu).

ya no te veo.
solo te veo por los emojis
que vas dejando por ahí
intento sacar de ellos
un poco de información
sobre como estás
tus últimos monstruos
cómo debes de estar
de lo de la espalda
si aún sigues diciendo que Dios
es Jesús como un hecho histórico.

dependo de un cuerpo para vivir
pero no soy ese cuerpo.

estoy hablando del sinsentido
o del sentido absoluto a todo.
no puedo más.

I Can't Go On

without my past
I wouldn't know how to write
yet I have to part from it
for wellness' sake
(so say mom's books)

the particles glinting in the air
that with the light create magic
are actually flecks of dust
and dust is dead skin
(or so you told me).

I don't see you anymore.
I see you only through emojis
that trail behind you here and there
I try to squeeze from them
a speck of information
about how you are
your latest freaks
how it's going with
that bad back of yours
if you still say God
is Jesus as a historical event.

I depend on a body to live
but I am not it.

I'm talking about the nonsense
or the absolute logic to everything.
I can't go on.

como la última vez que te vi
por la calle:
cuando era el momento
de gritar tu nombre
de que te giraras
de que nos miráramos
de que nos despidiéramos
con un abrazo de esos
de los que ya se han separado
y de que me alejara de ti recordando
todas las palabras
que aprendí contigo
y que ahora son
como el pan de cada día:

antes de que todo eso pudiera llegar
a pasar
un vagabundo me avisó
de que estaba pisando
una mierda enorme de perro
y me fui a casa
con las bolsas de los regalos de navidad
de la gente de mi vida de verdad.

que no te he vuelto a ver
y ahora ya no sé ni
cómo acercarme a ti
¿qué es lo primero
que tendría que decirte?

In Real Life

like the last time I saw you
in the street:
when it came time
to shriek your name
for you to spin around
for us to look at each other
for us to part with an embrace,
the kind people make when
already detached
for me to distance myself from you reliving
each word I learned
with you together
which now is in my mouth
my daily bread:

before all that could come to
pass
a bum warned me look out
you're going to step on
an enormous dog shit
so I went home
carrying the Christmas parcels
for the real people in my life.

and I haven't seen you again
and now I no longer even know
how to get close to you
what is the first thing I should
say to you?

¿que nadie me ha vuelto a decir
lo de mi perfil griego?
¿o que pensar en ti es recordar:
el deseo   la pregunta   la espera
el desespero   la ausencia
y finalmente
el conocer lo cerca que estoy siempre
de ese lugar tan oscuro?
cuando estas ahí metido,
puedes creerme,
nada es tan divertido de recordar.

that nobody has said a word again
about my Grecian profile?
or that thinking of you is remembering:
the desire   the question   the waiting
the desperation   the absence
and overall
the knowing how close I always am
to that so dark a place?
when you are in there,
believe me,
nothing is so merry to remember.

E-Duelo

He hecho creer al algoritmo
que me das igual.

Ya no me sales en el feed
pero te busco siempre.

E-Grieving

I've made the algorithm believe
that I'm done with you.

I no longer see you in my feed
but I search for you always.

Verter Agua en Acuarelas

El cariño no se recuerda.
¿La ternura? La olvidé.
Con el tiempo, tampoco se recuerdan las caricias,
ni el sexo, ni las bromas.
Tal vez se recuerden las mejores bromas
o imágenes borrosas del escenario que rodeaba el sexo.
El cariño y el humor tienen vida solo en el presente.

El tiempo aniquila rastros. Vierte agua en acuarelas.

Pero el amor
no tiene por qué irse si siempre estuvo ahí.

In Real Life

Pouring Water over Watercolors

Affection goes unremembered.
Tenderness? Can't recall it.
Over time, caresses are forgotten,
as are the sex and the jokes.
Maybe the best jokes aren't lost
or some blurry images of sexual scenes.
Tenderness and humor live only in the present.

Time annihilates the traces. Pours water over watercolors.

But love
has no reason to depart if it was always there.

Por Mi Cuenta

si me ves volviendo sola
ahí donde solíamos caminar,
es solo para mezclar pena y recuerdo.

no sé lo que dejamos atrás
pero tu último giro en el espacio
nos ha dejado lejos.

In Real Life

On My Own

should you see me returning alone
to the places where we used to walk,
it's only to mix grief and memories.

I don't know what we left behind
but your last whirl in space
has flung us far away.

En Mis Ojos Hay Tristeza

es una tristeza profunda.
no responde sencillamente a lo que estoy viendo
sino que se multiplica
en tristezas dentro de tristezas
de lugares
y momentos
distintos a este.

Behind My Eyes There's a Sorrow

it is a complete sorrow.
doesn't answer simply to what I see
but proliferates into
sorrows within sorrows
of places
and moments
strange to this one.

Naufragio

pienso en mis poemas,
hundiéndose en el océano de internet

o cayendo por acantilados,
chocándose con rocas

nunca tocando la tierra.

Allá donde estéis, espero que estéis bien.

Wreck

I think about my poems,
wrecked on the Internet ocean

or plunging from cliffs,
crashing off the rocks

never touching down.

Over wherever you are, I hope all is well with you.

La Separación Es una Ilusión

no puedo verte o hablarte
ni contarte todo sobre mi día

no puedo tocarte ni oírte,
ni saberlo todo sobre ti

pero puedo sentirte.

(lo llevo haciendo desde hace un tiempo.)

Separation Is an Illusion

I cannot see you or talk to you
or tell you about my day

I cannot touch you or hear you,
or know all about you

but I can feel you.

(I've been doing this for a while now.)

no borrar
tu ventana de whatsapp
es todo lo que puedo quererte
ahora mismo.

not deleting
your whatsapp window
is all i can love you
right now.

no quemar mis días
solo porque no estás aquí
no quemar mis días
solo porque no estás aquí
no quemar mis días
solo porque no estás aquí
no quemar mis días
solo porque no estás aquí

not to burn my days
just because you're not here
not to burn my days
just because you're not here
not to burn my days
just because you're not here
not to burn my days
just because you're not here

Las Palabras Son Hilos

Cuando te escribo
en realidad
te estoy pidiendo
que abraces
mi aleatoriedad de palabras.

Y tú
como siempre
me respondes
superando cualquier expectativa.

Luego te deseo
pienso en ti en todas partes.
Te imagino como puedes imaginarte
y compongo frases para ti,
para mí,
para ese futuro que nada sabe.

Words Are Threads

When I text you
I'm actually
asking you
to embrace
my randomness of words.

And you
like always
you answer me
surpassing any expectations.

Then I desire you
I think about you everywhere.
I imagine you as you can imagine
and I compose sentences for you,
for me,
for that future that no one knows.

No Tu Recuerdo de Supermercado

Te escribo desde los bosques verdes.

En el supermercado francés al que voy en verano, la zona de brioches es infinita y se encuentra en el pasillo más importante del local. Mientras intento resolver cuál me apetece más, Jean-Luc me viene a la cabeza: tenemos diez años y en el patio del colegio me deja probar su brioche de mantequilla.

No sé qué se ha hecho de él. Creo que ya no vive en la ciudad. Jean-Luc nunca fue de mis más amigos, solo me acuerdo de esa imagen. Jean-Luc es para mí *brioches de mantequilla* hasta que me muera, o hasta que se solape con nuevos recuerdos relacionados con brioches de mantequilla. ¿Somos instantes muy pequeños de recuerdos para otros?

Quizá yo también soy un recuerdo de supermercado para alguien.

Yo no quiero ser tu recuerdo de supermercado.

No quiero que nos convirtamos en instantes de recuerdo.

Quiero ser parte de tu presente eterno, aún estando tan lejos.

Not Your Supermarket-Memory

I'm writing to you from cool green summer woods.
At the French supermarket, the brioche display is as colossal as in dreams: a boundless continuum along the main aisle. Braced for a choice: I elect the most engaging brioche. Voilà: Jean-Luc pops into my head: we are 10 years old, in the schoolyard, and he lets me taste his butter-brioche.

I don't know what's become of him. I think that he no longer lives in town. Jean-Luc was never one of my best friends, and I only remember that image. Jean-Luc will be *butter-brioche* for me until the day I die, or until he is lapped by new butter-brioche-related memories. Do we exist elsewhere as other people's memories?

Maybe I too am a supermarket-memory.

I do not want to be your supermarket-memory.
I do not want us to become instances of memory.
I want to be part of your timeless present, even if you're so far away.

139

Destruyendo Mentiras

Cuando te dije que no estaba preocupada,
        en realidad estaba tecleando en Google todos mis
síntomas.

Cuando asentía,
        en realidad no tenía ni idea de lo que estabas hablando.

Nunca te busqué en Google,
                        eso fue una mentira.

Cuando te dije que nunca te había cotilleado,
                        otra mentira.

Cuando te envié ese $z^{z^{z}}$:
        en realidad no estaba durmiendo—
                        me acababa de masturbar.

¿Puedo venir? me preguntaste.
                Nunca te dije que estaba sufriendo, incapaz de ver
        a nadie.

Pero viniste de todas formas, y todo estuvo bien.

Me gusta el dibujo, dije,
        no sabiendo cómo decirte
                que no me hizo sentir absolutamente nada.

Cuando estaba en silencio, en realidad estaba dándole vueltas a
        tu último comentario.

In Real Life

Destroying Lies

When I said I was not worried,
        I was actually googling my symptoms.

Those nods of mine?
        I really had no idea what you were talking about.

I never googled you,
                and that was a lie.

When I said I never stalked you,
           that was a lie too.

Remember that z^{z^Z} I texted:
        I wasn't really sleeping—
            I was just done masturbating.

Can I come over? you asked.
           I never said that I was in pain, unable to see anyone.

But then you came over, and everything was fine.

I like that drawing, I said,
      not knowing how to tell you
        it didn't make me feel much at all.

When I was silent, I was actually overthinking your last comment.

Nunca te dije que me encanta tu olor por la mañana.
Nunca me atreví a explicarte lo difícil que es para mí estar
   rodeada de gente
y lo fácil que parecía todo cuando estaba a tu lado.

Nunca me atreví a decirte que yo ya sabía que tú también estabas
   mintiendo.

I never told you I loved your smell in the morning.
Never got to explain how difficult it is for me to be around people
but how easy it felt to be around you.

Never got to tell you I knew you were lying too.

You |

Google Search | I'm Feeling Lucky

nos volvimos egoístas;
lo perdimos todo.

we became selfish;
we lost it all.

Me Dijo

Tendría que haberte dicho que no me gustaba depender de ti en
   mi ciudad,
                             me dijo.

Me dijo, tendría que haberte dicho que yo no escribo,
            que nunca voy a ver el mundo como tú lo ves.

tendría que haberme arriesgado, me dijo,
        cuando me leías uno de tus poemas;
tendría que haber dicho—mi idea, pero no en palabras.
Pero puedo vivirlas a través de ti.
De alguna forma es como si las viviera yo, y eso para mí ya es
   suficiente.
Su idea.
Escribiste en el pie de foto, me dijo,
      de esa imagen mía durmiendo
           "mi persona favorita".
Yo nunca he sido la persona favorita de nadie, me dijo.
        Si para seguir siéndolo tenía que mentir, pues iba a
   mentir.

Lo siento si la sigo cagando todo el rato;
        las cosas buenas son nuevas para mí.

He Said

I should have told you that I didn't like depending on you in
   your city,

                                       he said.

He said, I should have told you that I don't write,
               that I'm never going to see the world the way you do.

I should have risked it, he said,
               when you read me one of your poems;
I should have said—my idea, but not in words.
But I can live through them.
In some ways it's as if I lived them, and that's enough for me.
His idea.
You wrote in a caption, he said,
            under that picture of me sleeping
                    "my favorite person."
I've never been anyone's favorite person, he said.
               If in order to be that I had to lie, well then I lied.

I'm sorry if I fucked up;
               the happy stuff is really new to me.

Oda a Todo Aquello Que no Tiene Palabra Asignada

sois los sin-nombre

los más poderosos

estáis en tierra de nadie
en palabra de nadie.

no tenéis cárcel todavía:

os escurrís entre los dedos
voláis alto
sin principio sin fin.

Ode to Everything That Hasn't Been Assigned a Word

you are the nameless

the mightiest

you hang around no-man's land
in no-man's world.

there's a no prison-house for you yet:

you sift through our fingers
you fly way up
with no start to no end.

Scrolling after Sex

pienso en todas las veces que hice *scrolling after sex*
en vez de mirarte a ti:
el único que estaba de verdad a mi lado.

Scrolling after Sex

I think about all those times that I scrolled after sex
instead of looking at you:
the only one who was really by my side.

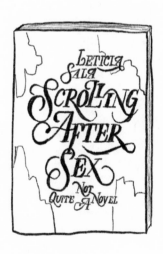

Muy por Encima de las Palabras

Podría haberme dado cuenta
de que estar ausente
es mi forma de egoísmo
más sofisticada.

Que se requieren muchas más agallas
para estar presente.
Que enviarme *memes*
era tu forma de quererme.
Y que enviarme *stories*
de nudos de cables de Apple enredados
era tu forma de aceptar
mi forma de tratarlos,
y, de paso,
aceptar los enredos
que no te gustaban de mí.

Que me querías
desde un lugar
muy por encima de las palabras.

Far beyond Words

I could have realized
that being absent
is my most sophisticated form
of selfishness.

That you need a lot more guts
to be present.
That sending me memes
was your way of loving me.
And that sending me stories
of Apple cables in knots
was your way of accepting
my way of dealing with them,
and, by the way,
accepting the entanglements
that you didn't like about me.

That you loved me
from a place
far beyond words.

Nuevos Fragmentos

No me quito de la cabeza,
ese día en la playa de Key Biscayne
cuando a mí me daba miedo el futuro
y te leí ese texto que acababa de escribir
sobre el coral que Greta sacó del agua.
Te pregunté si tú pensabas en los momentos de esta forma.
Me contestaste que no.
Yo me quedé con ese "no."
Y te miré con mi habitual cara de decepción
de estar a millones de años luz.

Pero podría haber escuchado lo que me dijiste
solo unos segundos más tarde:
que tú solo pensabas en dármelos.

Podría haberme quedado con otros fragmentos
de los mismos momentos.
Fragmentos nuevos;
no los que me recuerdan
al sufrimiento
que ya conozco.

New Fragments

I can't get it out of my head,
that day on the beach at Key Biscayne
when the future was scaring me
and I read you the thing I'd just written
about the chunk of coral that Greta pulled from the surf.
I asked you whether you thought about moments like that.
You said "no."
I held on to that "no."
And I gazed at you with my typical disappointed look
where I'm a million light-years away.

But I could have listened to what you said
only a few seconds later:
that you only thought about giving those moments to me.

I could have retained other fragments
of those same moments.
New fragments;
not those that remind me
of the suffering
I already know.

Agua en Movimiento

El ego separa.
Me hace sentir distinta a ti
por haber nacido
en las costas de un mar
y no en las de un océano,
como tú.

El ego es lo único
que me impide sentir
que tu forma de querer y la mía
eran la misma palabra,
solo que se pronunciaban de formas distintas.

Suena todo tan fácil ahora.
Tan borroso entonces.
Tan enredado en el miedo.

Water in Movement

Ego separates.
It makes me feel distant from you
for having been born
on the coast of a sea
and not on an ocean,
like you.

Ego is the only thing
that separates me
from feeling that your way of loving and mine
were the same word,
just that they were pronounced differently.

Everything sounds so easy now.
So blurry then.
So tangled up in fear.

El Gestor de Palabras

Ojalá existiera la figura del gestor de palabras:
me pasaría informes con mis palabras más utilizadas
y las que he ido abandonando con el tiempo.

El gestor intuiría mis momentos vitales
pero no preguntaría nada por ética profesional.
Solo proporcionaría sugerencias,
mantendría una línea elegante y fina
para no inmiscuirse en mi vida personal.
Siempre me hablaría de usted.
Por correo haría alguna broma.

Ahora seguro que señalaría
que vuelvo a conjugar los verbos
en la tercera persona del plural
y que la palabra "nosotros"
ha ganado posiciones en la lista.

The Word Manager

Wish there were a word manager guy:
he'd send me reports of my most-used words
and those I sloughed off over time.

The manager would intuit my most vital moments
but wouldn't pry out of professional ethics.
He'd only furnish suggestions,
maintain a slender elegant line
so as not to intrude on my personal life.
He'd always address me in the *vous* form.
He'd joke in his emails.

For sure by now he'd point out
that of late I've been conjugating my verbs
in the third person plural
and that "we"
had shot to the uppermost of his stats.

Te has mudado a casa.
(por fin, datos en el móvil)

You moved in.
(at last, data on my phone)

EN LA VIDA REAL

yo lo que quiero
es ver lo que te pasa
entre story y story.

IN REAL LIFE

what I really want
is to see what happens to you
in between story to story.

—Casa es donde está tu Mac.
—Para nada. Casa es donde tu intestino se siente a gusto.

—Home is where your Mac is.
—No way. Home is where your intestines get comfy.

Los Ronquidos no Tienen Nada de Bello

Escucho tus ronquidos. Recuerdo una de las veces en las que situé mi relación contigo en la punta del peor precipicio y me quedé sentada desde lejos observando frívolamente si un golpe de viento la acababa de tirar al vacío. Recuerdo la pena infinita que sentí al pensar que no volvería a escuchar tus ronquidos nunca más. Los ronquidos no tienen nada de bello. Es una sonoridad involuntaria. Y sin embargo, en ese momento, lo sentí como la pérdida más dolorosa.

Nothing Beautiful about Snoring

I listen to your snoring. I remember one of the times when I put my relationship with you on the edge of a cliff and I sat at a distance watching frivolously to see whether a gust of wind would blow it into the void. I can remember the infinite pain I felt when I thought I would never hear your snoring again. There's nothing beautiful about snoring. It is an involuntary noise. And yet, at that moment, I felt the most painful loss.

Leticia Sala

Fotos de Ti

fotos de ti
antes de conocerte
mi amable recordatorio
de que no existe una vida completa
solo hay fragmentos.

In Real Life

Pictures of You

pictures of you
before I met you
are my kind reminder
that there is no complete life
only fragments of it.

el amor de verdad es luz
el resto es electricidad.

In Real Life

real love is light
the rest is electricity.

¿Te acuerdas de cuando

teníamos que fingir

que nos conocíamos

para llegar a conocernos?

Los besos,

los cumplidos,

las mentiras.

Esa ficción que se nos da tan bien a los humanos.

In Real Life

Remember when

we had to fake

that we knew each other

to make intimate our acquaintance?

Kisses,

compliments,

lies.

Fictions we are utterly accomplished in.

Olas

Ahora que entiendo
lo que significa el compromiso
sé que nuestro amor
será siempre un oleaje;
un océano firme es irreal.

Aunque te vea
cada día
del resto de mi vida
ahora entiendo
que en realidad
no me vas a amar
todo el tiempo todo el rato—
aunque tú me digas que sí.

Waves

Now that I know
what commitment means
I understand that our love
will actually come in waves;
a steady ocean does not exist.

Even if I see you
every single day
for the rest of my life
I understand
that you are actually
not going to love me
all the time—
even if you say you do.

Cosas Que Sigo Queriendo Saber de Ti:

—tu nombre porno
—dónde guardas el pasaporte
—quieres ser enterrado o embalsamado
—cómo te imaginas los años: una línea o un círculo
—¿tú también ves el rostro de una mujer en la luna?

In Real Life

Things I Still Want to Know about You:

—your porn star name
—where you keep your passport
—whether you want to be buried or cremated
—how you imagine years in your head: like a line or a circle
—do you also see a woman's sad face in the moon?

tú/mi idea de ti
yo/tu idea de mí
están en buenos términos
                desde hace un tiempo ya.

you/my idea of you
me/your idea of me
have been on good terms
                              for a while now.

Yo no podría quererte
como lo hago ahora
si no hubiese querido a otros
como lo hice antes.

I couldn't love you
as I do now
if I hadn't loved others
as I did then.

Lo Menos Importante del Mundo

Siempre soñamos con tener una piscina.

Pero cuando estábamos en el océano juntos
solo existía
el agua profunda y fría,
el rugido,
el azul infinito,
corriendo juntos,
cogidos de la mano,
perdiendo contacto con las rocas bajo nuestros pies.

Y luego:
temblando, gritando,
desafiándonos no salir nunca del agua.

No tener una piscina era lo menos importante del mundo.

The Last Thing on Our Minds

We always dreamed of having a swimming pool.

But when we were in the ocean together
there was only:
deep cold water,
roaring,
unending blue,
running together,
holding hands,
losing touch with the rocks beneath our feet.

And then:
shaking, screaming,
daring each other never to swim ashore.

Not having a swimming pool was the last thing on our minds.

Lirios Blancos

La semana pasada
me regalaste lirios blancos.
Hoy los pétalos
han empezado a caer.
Solo con rozarlos
van cayendo al suelo,
pero se ven tranquilos;
siguen oliendo bien.

Lo de morir va en serio.
Te mueres y ya está.

Si este lirio tan perfecto muere,
tan limpio y silencioso,
¿por qué no acepto la idea
de mi propia muerte
con el mismo limpio silencio?

White Lilies

Last week,
you gave me white lilies.
Today the petals
begin to fall.
The slightest touch
and they're on the floor,
but they seem peaceful;
they still smell good.

So, it's serious, this dying business.
You die and that's that.

If this perfect lily dies,
so pure and hushed,
why can't I accept the idea
of my own extinction
with the same pure silence?

Notas Sobre el Año Pasado

Por Greta me he enterado
de que no hacen falta las palabras
para quererse.

El amor cotidiano:
cuando la quietud está tan viva
que deja paso a los detalles,
a las sutilezas de lo que sucede
cuando no hay dolor.

El amor de verdad es memoria y es tiempo.

Notes from Last Year

I found out from Greta
that you don't need words
to love and be loved.

Quotidian love:
when the stillness is so alive
that it gives way to the details,
to the subtleties of what happens
when there is no pain.

True love is memory and it is time.

Duelo

Los amantes se van haciendo ruido.
El vacío que dejan grita todo el rato.

Pero los amigos se van de puntillas
se suelen ir en silencio: sin avisar.
Las pruebas de su ausencia
son latentes y sutiles,
llegan siempre con mudo retraso.

Grieving

Lovers part ways kicking and screaming.
The void they leave behind howls on and on.

But friends steal away on tiptoe
in soft socks: no warning.
The proof of their absence
is latent and subtle,
always arriving late and mute.

Último Delirio de Adolescente

Mi último delirio de adolescente no existe
                        somos errores
                                        renovados
crecer es sofisticar escenas
mejorar el atrezzo.

                Y eso está muy bien.

Oisive Jeunesse, Bye-Bye

My last teenage frenzy gone
          as we become mistakes
                    refurbished
growing by making the stage more sophisticated
upgrading the props.

      And that's just fine.

Ángulo

¿Qué me pasa
entre el momento en el que me quiero acercar a algo
y el momento en el que consigo estar dentro?

Siluetas a lo lejos flotando en un lago.
Familias paseando, con cucuruchos de helados.
Una persona trabajando sola en una oficina de noche,
en un rascacielos imposible.

Esas imágenes me fascinan.

Pero cuando consigo meterme en la escena
para pertenecer a ella,
el deseo se difumina en un instante.
He perdido el ángulo que me hizo dirigirme a él.

Eso nunca me ha pasado contigo.
Hace tiempo que crucé tu imagen.
Me he sentido dentro de ese mismo paisaje tuyo
y me he convertido en parte de él.

Angle

What is it
between the instant I approach a thing
and once I slip in?

Faraway silhouettes float on the lake.
Families stroll, licking ice cream cones.
Slaving alone at night in an office,
a man in an unthinkable skyscraper.

These images fascinate me.

But when I manage to get in the scene
in order to belong,
the wish to do so dissolves in a jiffy.
I've lost the angle that led me there.

That has never happened with you.
It's been awhile since I chanced upon your image.
Inside I felt the same landscape that is yours
and became it.

El Segundo Exacto

¿En qué momento se vuelven invisibles?
Las cosas que captaron nuestra atención
durante los primeros días.

Yo ya no puedo sorprenderme
por tu voz o por tu olor—
cosas que me hicieron acercarme a ti.
En ningún momento me parecieron perfectas;
simplemente me hacían sentir bien.

El momento preciso entre sorprenderse a dejar de sorprenderse
tiene que haber existido.
Si todo estuviera grabado,
podría contactar con el gobierno,
pedir todas las cintas en las que aparecemos,
alquilaría un estudio con muchas pantallas,
apuntaría los gestos
y toda la información relevante en una libreta
hasta llegar al segundo exacto
pararía el vídeo en el segundo exacto
y apuntaría en la libreta el segundo exacto.

Pero todavía no sé qué haría con ese dato.

The Exact Second

At what point do they turn invisible?
The things that caught our attention
those first days.

I no longer get surprised
by your voice or scent—
things that brought me close to you.
At no time were they perfect;
they simply made me feel good.

The exact moment between being surprised and then not
must have existed.
If everything had been recorded,
I could contact the government,
ask for the tapes in which we appeared,
rent a studio with lots of screens,
jot down the gestures
and all the relevant information in a notebook
up to the exact second
where I'd stop the video
and log the exact second in the notebook.

But I still don't know what I'd do with the data.

Dos

quererte significa:

temer dos muertes
construir dos vidas
perseguir dos sueños
surcar dos caminos

—tuyo y mío.

In Real Life

Mine and Yours

loving you means:

fearing two deaths
shaping two lives
seeking two dreams
driving through two paths

—mine and yours.

Este Verano

fuimos a bucear
me ibas señalando los peces,
ellos también eran una familia
(mucho más numerosa).

me señalabas las medusas
me advertías del peligro.
me ofrecías tu mano
y nadabas por los dos.

lo único que oíamos
era nuestra propia respiración
¿o era la del otro?

querías ir a tocar el fondo.
los rayos de luz atravesaban tu cuerpo
y seguían su trayectoria.

tu mano, con la alianza dorada,
y la mía con el mismo oro
intentando alcanzarla.

el agua nos protegía:
ya nada malo podía pasarnos.

This Summer

we snorkeled
you pointing out the fish,
who also formed a family
(just a much larger one).

you pointed at the jellyfish
warning me of the peril.
you offered me your hand to take
you would swim for two.

the only thing we could hear
was our own breathing
or was it each other's?

you wanted to touch the sea floor.
light beams pierced your body
and pursued their vectors.

your hand, with the gold wedding band,
and mine of the same gold
grasping at yours.

the water sheltered us:
nothing bad could happen to us anymore.

De Pantalla en Pantalla

cuando una pantalla esté superada
habrá otra pantalla esperando resolución.
y así hasta el final.

In Real Life

From Screen to Screen

as one screen of our life is solved
so the next awaits resolution.
and it's screens
all the way down.

Salto al Vacío

Empezar a amar a alguien es un salto al vacío.
En cualquier inicio hay cosas imposibles de saber.
Se saben, sin embargo.

El tiempo solo sirve para mostrarnos
lo mismo que una vez fue inexplicable.

Leap of Faith

Starting to love someone is a leap of faith.
In any beginning there are things impossible to know.
They are known, however.

Time is only good for showing
what we knew right from the start.

Ningún Coche

Me pensaba que ese sonido
era el impacto entre el viento y los coches
circulando por la carretera.
Pero no lo entendía
ya que ya no estábamos en Nueva York,
sino en Miami,
y abajo del piso 14 en el que estábamos acostados
no había ninguna carretera.
Sino el océano.

Entonces me di cuenta
de que lo que estaba oyendo
era tu respiración;
no había ningún coche allá abajo:
eras tú—tú—
durmiéndote antes que yo.

No Cars

I thought that commotion
was the impact of wind batting cars
cruising the street.
But I couldn't figure it
since we weren't in New York,
but Miami,
and below the fourteenth story where we lay
there was no street.
Just ocean.

Then I grasped that
what I'd heard
was your breathing—a gasp;
there were no cars below:
it was you—you—
who had crashed before me.

CORSICA 1915

Leticia Sala

Mi Cuerpo Era Mi Amigo después de Todo

mi cuerpo
me obliga a dormir todos los días
me somete al mundo de los sueños
no hay día que no me recuerde
lo vulnerable que soy

My Body Was My Friend after All

my body
forces me to sleep every day
subdues me to a world of dreams
no day goes by that I don't remember
how vulnerable I am

Cuando se Terminen los Días

me importarán muy pocas cosas.

Una de ellas la sé seguro:
sentir que entendimos
todo o bastante
de las cosas que nos dijimos.

(nada me aterra más que las palabras incomprendidas)

In Real Life

When My Days Come to an End

very few things will matter.

One of them I know for sure:
feeling that we understood
all or enough
of the things we said to each other.

(nothing terrifies me more than words misunderstood)

Atrapando Grises

Pienso en la torpeza de las primeras veces—en el sexo, el amor, el trabajo, la maternidad—pero también en la ilusión de cuando algo empieza.

Pienso en el sufrimiento como generador de sensibilidad y en la sensibilidad como generadora de creación, que al final es así como nos reconciliamos con el dolor. Cuando creamos cualquier pieza fruto del sufrimiento, le damos forma al dolor, galopa libre y lejos. Ya no nos pertenece.

Y entonces pienso que, así, tal vez me acordaré de que lo absoluto—en el amor, en las ideas—no existe. Todo es un balance de fuerzas. Y siento pena por los grises y porque gusten tan poco, porque andemos buscando frases afirmativas, ideas incuestionables, amores incondicionales, y cantos de sirena.

Los grises se esconden. Son difíciles de ver. Requieren de un mayor esfuerzo a la vista. Se escurren entre nuestros dedos. Pero una vez alcanzados, su paz es inigualable.

Chasing Grays

I think about the clumsiness of first times—sex, love, work, maternity—but also about the wonder of something new.

I think about suffering as a generator of sensitivity and about sensitivity as a generator of creation, which in the final analysis is how we reconcile ourselves to pain. When we create anything as a result of suffering, we give shape to pain, galloping free and far. The pain no longer belongs to us.

And so I think that, in this way, perhaps I will remember that the absolute—in love, in ideas—doesn't exist. Everything is a balance of forces. I feel sorry for the grays and how they are not liked much, because we go around looking for affirmative sentences, incontrovertible ideas, unconditional loves, and siren songs.

The grays hide. They are hard to see. They demand greater effort from our eyes. They slip through our fingers. But once attained, their peace is unparalleled.

Acknowledgments

Si este libro está en tus manos, quiero contarte:

Que Pau me pidió casarme con él en Roma, un martes por la noche arriba de las escaleras de la Piazza di Spagna. Cuando volvimos al Hotel Locarno, abrí mi correo y me encontré con un email de Katherine and Erin, dos agentes de Nueva York que querían ayudarme a publicar mi primer libro en los Estados Unidos.

El año y medio que pasamos prometidos es el mismo tiempo que me pasé escribiendo este libro, hasta que por fin encontró su casa, Andrews McMeel, y hasta que Pau y yo oficializamos nuestro amor y nos convertimos en una familia.

Parece el final de una historia, y sin embargo solo es el principio. Ahora este libro pasa de ser mío a ser vuestro. Y mi relación con Pau es un ente que va cambiando de forma y de colores a lo largo de los años. Y pase lo que pase, tener la certeza de que he conocido el amor de verdad es algo de lo que nunca podré estar suficientemente agradecida.

Acknowledgments

If this book is in your hands, I want to tell you that:

Pau asked me to marry him in Rome, one Tuesday night at the top of the steps of Piazza di Spagna. When we returned to Hotel Locarno, I opened my email and found a message from Erin and Katherine, two agents from New York who wanted to help me publish my first book in the United States.

The year and a half that Pau and I spent engaged was the same time that I spent writing this book. It finally found its home at Andrews McMeel, while Pau and I, at last, made our love official and became a family.

It seems like the end of a story; however, it is only the beginning. Now this book will go from being mine to being yours. My relationship with Pau is an entity that changes its form and colors along with the years. And whatever happens, I am certain that I have known true love, and for it I can never be grateful enough.

Gracias a mi madre, a Javi y a Blanca, porque las emociones que me habéis transmitido al leer cada una de estas piezas conforme iban saliendo de mí han guiado mi camino.

Gracias a Jordi, por hacerme conectar con la misión que tiene este libro cuando te di a leer el manuscrito.

Gracias a las Swarleys, por la expresión de vuestras caras desde la barandilla en el Château de Paulignan, y por vuestra confianza incondicional.

Gracias a Michael, por haber llevado muchos de estos poemas a un nuevo idioma, que al final es otra dimensión, con el respeto y el ingenio con el que debe hacerse.

Y gracias a Pau, porque contigo he descubierto que el amor es la cosa más compleja, abundante e infinita que conoceré jamás.

Thanks to my mother, to Javi, and to Blanca, because the emotions that you conveyed when reading each of these pieces as they came out of me have guided my path.

Thanks to Jordi, for connecting me with the purpose of this book when I gave you the manuscript to read.

Thanks to The Swarleys for your tear-stained faces looking down from the balustrade of the Chateau de Paulignan, and your unconditional trust.

Thanks to Michael, for having translated many of these poems into a new language, which in the end is like another dimension, with the respect and the ingenuity with which it must be done.

And thanks to Pau, because with you I have discovered that love is the most complex, abundant, and infinite thing I will ever know.

Andrews McMeel Publishing
a division of Andrews McMeel Universal
1130 Walnut Street, Kansas City, Missouri 64106

www.andrewsmcmeel.com

20 21 22 23 24 RR4 10 9 8 7 6 5 4 3 2 1

ISBN: 978-1-5248-5957-2

Illustrations by Pau Lopez
Cover design by Ausias Pérez

Library of Congress Control Number: 2020936659

Editor: Patty Rice
Art Director/Designer: Julie Barnes
Production Editor: Margaret Daniels
Production Manager: Carol Coe